PSICOLOGIA DA PERDA DE PESO

APRENDER TUDO O QUE VOCÊ PRECISA SABER
SOBRE A PERDA DE GORDURA CORPORAL
NATURALMENTE, GRAÇAS AOS FUNDAMENTOS
PSICOLÓGICOS DA QUEIMA DE CALORIAS

Jessy M. Brown

Primeira Edição

Tabela de Conteúdos

Introdução

A perda de peso é um dos objetivos da maioria dos homens e mulheres. Se este também é um de seus sonhos na vida, você precisa estar ciente dos aspectos que o ajudarão a alcançar os resultados esperados. Um desses aspectos é a sua forma de pensar. Sem uma forte determinação e uma mentalidade fixa, seria difícil obter resultados bem sucedidos de perda de peso.

Primeiramente de tudo, mudar seu pensamento é a primeira coisa a considerar quando vem a perder o peso. Seu plano da perda do peso não sucederá se você não prestar atenção à maneira que você pensa. Ao dizer a si mesmo que você não pode, você certamente vai falhar e ter uma pequena chance de ver os resultados. Portanto, você deve pensar nessas coisas de cabeça para baixo.

Em vez de pensar negativamente sobre a perda de peso, você deve dizer que eu vou, que eu posso, e que eu vou ter sucesso. Você terá mais confiança em dizer a si mesmo cada uma dessas coisas quando aprender a mudar sua maneira de pensar. Para se motivar, você deve saber o valor da motivação e como ela pode ajudá-lo a alcançar seus objetivos.

Este é o propósito principal deste livro. Com esta guia, você aprenderá o verdadeiro significado de uma mentalidade que pode ajudá-lo a ter sucesso e ser mais eficiente em alcançar seus objetivos de perda de peso. É importante mudar sua maneira de pensar, e você tem que perceber as razões pelas quais você tem que considerar isso.

Você é afortunado encontrar este livro porque fornecê-lo-á com idéias, detalhes, pontas e tudo sobre seu pensamento e seu relacionamento e importância à perda do peso.

Com este guia, você pode controlar seu peso e aprender tudo o que você pode fazer para alcançar seus objetivos. Sua viagem à perda bem sucedida e satisfatória do peso está a ponto de começar. Continua a ler!

O poder da mente sobre o corpo

A sua forma de pensar desempenha um papel muito importante na perda de peso. O que acontece com você fisicamente é apenas um reflexo das mudanças que ocorrem dentro do seu sistema. Então, você é o que pensa.

Uma pessoa que aspira perder seu peso excedente experimentará mudanças em sua pressão de sangue e freqüência cardíaca. Da mesma forma, a condutividade elétrica da pele e da respiração reage às suas emoções e pensamentos.

Talvez penses que és demasiado gordo ou que não estás em forma física. Se você não estiver feliz, o estresse fará seu corpo se sentir em um estado inseguro. Isto resultará na libertação de hormonas causadoras de stress. Quando pensamentos estressantes e más emoções são perseguidos, seu corpo ficará mais tenso. A hormona causadora de stress, conhecida como cortisol, tem um grande impacto no seu sistema digestivo e no seu peso. A gordura da barriga é um dos sinais visíveis de stress.

> ## *Como perder o excesso de peso?*

A primeira coisa que tens de fazer é mudar de ideias. Quando se trata de perder peso, não se deve pensar numa "dieta". Em vez disso, você deve aprender a melhor maneira de comer os alimentos que você quer. Ao fazê-lo, você deve pensar em nutrição em vez de privação. Aproveite as refeições para desfrutar da comida servida à mesa. A hora da refeição é o momento certo para você esquecer os problemas ou pensamentos estressantes que você tem na vida. A longo prazo, você vai notar que está gostando de comer e comer menos comida.

Você deve manter seu corpo em uma condição normal. Portanto, você tem que encontrar maneiras de se manter em forma e saudável. Comer alimentos que são úteis para o seu pensamento é a melhor técnica para eliminar o stress e melhorar a sua saúde. Isto irá permitir-lhe alcançar uma perda de peso bem sucedida, mesmo sem dieta.

A importância da sua mentalidade

Ser de mente fechada pode ser a razão pela qual você não tem sucesso em seus objetivos de perda de peso a longo prazo. Desenvolver uma boa mentalidade é uma das coisas mais cruciais que você deve considerar para alcançar uma mudança duradoura.

Se você tem uma mente fechada, você é o tipo de pessoa que tende a fugir dos desafios. Além disso, é provável que você desista facilmente quando tiver dificuldades em atingir seus objetivos. Embora estejas determinado a mudar, tudo é demasiado difícil para ti. Portanto, você decide ficar dentro da sua zona de conforto. Você é determinado começar fazer exame de etapas para perder o peso, mas uma vez que você não vê os resultados assim que possível, você prefere dar acima e parar de fazer tudo.

Se tiver mente aberta e for positivo, estará sempre pronto e corajoso para enfrentar qualquer desafio ao longo de sua jornada. Você deve esperar que os obstáculos se apresentem em seu caminho, mas quando algo ruim acontece, você deve procurar lidar com eles usando uma estratégia que o ajudará a mover-se na direção positiva.

Quando você tem a mente fechada, você tende a se abster de ouvir os conselhos e sugestões das pessoas ao seu redor. Vais ignorar os comentários dessas pessoas para que possas continuar no teu caminho actual. Pensam também que os vossos esforços são inúteis porque sabem que não o conseguirão até ao fim.

Uma pessoa de mente aberta é aquela que ouve o que os outros lhe podem dizer. Também reflete seus próprios pensamentos, atitudes e ações. Quando você tem esse tipo de mentalidade, deve dar pequenos passos em frente. Ter uma mentalidade positiva é equivalente a ter inteligência emocional. Sabes que as mudanças nunca acontecerão sem ela.

Se você tem uma mente fechada, tende a olhar mais para o aspecto físico. Olhas para as outras pessoas e sentes inveja e ciúmes porque são bem sucedidas. Assumes que consegues fazer melhor do que eles, mas não fazes nada. Tendo uma mentalidade positiva, as ações tomadas pelos outros tornam-se sua inspiração. Você testemunha suas realizações e aprende vendo o que eles fazem. Vais levar isso e encontrar algo que funcione para ti.

Como você pode ver, ter uma mente fechada nunca vai ajudá-lo a alcançar os resultados que você quer. Você permanecerá em seu estado atual para sempre e não notará desenvolvimentos e mudanças. Você não pode crescer porque você não muda sua maneira de pensar ou não faz nada para superar seus pensamentos negativos.

Quando abrirem a vossa mente e escolherem fazê-lo, começarão a ver as mudanças que vos acontecem. Os desenvolvimentos serão visíveis e você começará a experimentar o sucesso. Tudo isto vai chegar ao seu método psicológico. Se você luta para perder gordura e não vê as mudanças à medida que passa pelo ciclo repetidamente, leia este livro e pense sobre o que você pode fazer para mudar a sua maneira de pensar.

A visualização do seu corpo

Seu pensamento, seja positivo ou negativo, pode afetar sua imagem corporal. Se você está tentando fazer mudanças na forma de seu corpo e no estado de sua saúde, você deve começar com sua mente. Os resultados da perda do peso que você espera ser-lhe-ão dados uma vez que você desenvolveu uma imagem apropriada do corpo. Uma imagem corporal bem desenvolvida parece fornecer uma planta da aparência exata que você gostaria de alcançar.

➤ *Por que é importante*

Sem fazer uma mudança em seu pensamento, seus pensamentos sobre a perda de peso será contra a rotina de saúde ou mudança que você começou. Nunca encontrarás nada que funcione mais depressa do que o teu cérebro. Criar sentimentos e pensamentos que suportam a sua imagem corporal irá ajudá-lo a alcançar as mudanças positivas e resultados que deseja.

Hoje, a maioria das pessoas que procuram resultados bem sucedidos de perda de peso dependem dos inúmeros suplementos disponíveis no mercado. A verdade é que os resultados da perda do peso podem também ser conseguidos simplesmente tendo um mindset positivo. Mudando a maneira que você pensa sobre a perda do peso e a maneira que acontece, você é certo começar os resultados que você espera. Também lhe permitirá mudar toda a sua vida e manter a nova forma do seu corpo.

Estabeleça metas para comer bem

O metabolismo é o processo pelo qual os alimentos consumidos são processados e transformados em energia. A maneira mais fácil de entender isso é assumir que o alimento é gasolina para o seu corpo. Quando o seu estômago esvazia, o seu corpo começa a enfraquecer e tenta usar a energia armazenada nas suas células gordas.

Algumas pessoas que estão a tentar ter um regime de perda de peso bem sucedido limitam a ingestão de alimentos, por isso comem menos do que o normal. Por outro lado, isso nunca permitirá que você experimente seus objetivos, pois seu corpo interpretará a ingestão reduzida de alimentos como fome, e usará as células de gordura como um mecanismo de sobrevivência para seu corpo.

A forma mais eficaz de melhorar o seu metabolismo e a capacidade do seu corpo para perder peso é comer pequenas refeições frequentes todos os dias. A maioria das pessoas geralmente come 2 a 3 vezes ao dia com refeições grandes. Para melhorar o seu metabolismo, você deve comer pequenas refeições frequentes todos os dias. Você pode comer pelo menos 6 vezes ao dia com intervalos longos para dar ao seu corpo mais tempo para digerir os alimentos que você come.

Comendo refeições pequenas todos os dias, você sentirá fome e isso pode impedir que suas gorduras sejam usadas contra a fome. Você deve também comer mais alimentos que são baixos em calorias e gordura, mas ricos em fibras. Estes alimentos são os únicos que lhe ajudarão perder mais e começar resultados melhores da perda do peso. Evite alimentos processados, especialmente aqueles com alto teor de gordura e sódio.

Depois de mudar a forma como pensa sobre a comida, será mais fácil mudar os seus hábitos alimentares habituais. Quando você segue um programa particular de perda de peso, você deve se concentrar em seu objetivo. Você não deve apenas perder peso, mas também melhorar a sua saúde.

Estabeleça metas de exercício

Ser despedaçado ou sexy não é difícil de fazer, se é a sério. O que tens de fazer é mudar de ideias. Você sabe que o exercício é importante na perda do peso e você tem que ser determinado para fazê-lo diário. Aqui estão algumas dicas que você pode usar para obter a mentalidade certa que você precisa para ser motivado para se exercitar regularmente.

O exercício regular é conhecido pelos diferentes benefícios para a saúde que pode proporcionar. No entanto, há apenas algumas pessoas que levam um estilo de vida activo. Se você quiser melhorar sua qualidade de vida, você deve iniciar um regime de exercícios. Vai baixar a sua tensão arterial e pode reduzir o risco de várias formas de cancro.

> ➢ *Aqui está como:*

1. Estabeleça expectativas realistas

- antes de iniciar sua nova rotina de exercícios, você deve estabelecer sua meta primeiro. Tens de ter a certeza do que gostarias de realizar. Se esta é a primeira vez que usa um regime de exercícios, não deve ficar sobrecarregado. Você deve focalizar primeiramente em um objetivo pequeno e fazer uma lista que contem os objetivos da perda do peso que você gostaria de conseguir. Uma vez estabelecidas as expectativas realistas, será mais fácil para você alcançá-las. Depois de atingir os pequenos objetivos que você tem, você pode perseguir seus objetivos difíceis de alcançar. Se você tiver uma planta para juntar um clube da aptidão, você pode querer, porque há diversos gyms com os treinadores pessoais que podem ajudar-lhe com seus objetivos. Se você realmente não sabe o que gostaria de alcançar, contratar esses profissionais pode ser a melhor solução para o seu problema. Eles vão motivá-lo, fazendo você entender a importância de se concentrar em tentar perder mais gordura.

2. encontrar um sócio da aptidão - para ter mais divertimento ao exercitar-se, você pode querer encontrar alguém que é seu sócio da aptidão para ir ao gym diário. A pesquisa mostra que se você trabalhar junto com alguém, você estará motivado a fazer mais no seu regime de exercícios. Se você está se divertindo com alguém enquanto se exercita ou se torna mais competitivo e capaz de se empurrar, essas coisas dependerão do tipo de personalidade que você tem.

Continue fazendo o que puder - não há necessidade de se preocupar se você não tiver dinheiro suficiente para pagar as taxas da academia. Não existe qualquer regra segundo a qual o exercício deve ser formal. Podes simplesmente subir e descer as escadas 10 vezes por dia. Também podes levar o teu cão para passear lá fora, onde quer que ele vá. Qualquer acção que possa aumentar a sua frequência cardíaca é um tipo de exercício cardiovascular.

4. Coma alimentos nutritivos e saudáveis - para estar fisicamente em forma, deve prestar atenção aos alimentos que come durante as suas refeições. Você deve ter uma dieta bem equilibrada e saudável, que é um aspecto muito crucial quando se trata de riqueza e saúde geral. Pode contactar o seu nutricionista se precisar de aconselhamento nutricional. Ele ou ela pode dizer-lhe os alimentos certos para comer e o que funcionaria melhor com o seu regime de exercícios. Tenha sempre em mente que o exercício sozinho não é suficiente para alcançar resultados bem sucedidos de perda de peso. O exercício deve ser combinado com uma dieta adequada.

5. Divirta-se - você nunca deve sentir que você é a única pessoa que enfrenta problemas ao tentar perder peso. Lembre-se que há milhões de pessoas em todo o mundo que enfrentam o mesmo problema que você. Estabelecer o estado de sua mente é o passo inicial que você precisa dar quando se trata de se exercitar.

Você deve ter em mente que quando você se exercita, não é para fazer seu corpo se sentir torturado, mas para seu próprio bem. Isso significa que você deve desfrutar de tudo o que está fazendo na sua vida diária. Você pode escolher o yoga porque é uma maneira grande revitalizar sua mente enquanto você se torna fisicamente apto. Se você for um homem, você pode querer juntar uma equipe do basketball onde você experimentará o divertimento quando seu corpo começar a perder o peso. Você também pode usar pesos livres. Se você começar seu novo regime de exercícios com uma mentalidade negativa sobre o exercício, você nunca será capaz de fazê-lo regularmente. Lembra-te sempre da sua importância.

A sua imagem corporal

Para conseguir resultados grandes da perda do peso, você necessita mudar a maneira que você pensa. Uma ótima maneira de alterar a forma como você pensa sobre exercício e sua imagem corporal é ler e escrever afirmações todos os dias. O que são afirmações e como elas podem beneficiar você? Bem, estas são breves declarações positivas que você pode ler ou escrever repetidamente quando necessário. Você pode colocá-los nas áreas dentro de sua casa que você costuma ir todos os dias. Ao vê-los regularmente, você terá mais confiança para enfrentar os desafios e começar a trabalhar mais para alcançar melhores resultados de perda de peso.

Além do uso de afirmações, você também pode mudar seu pensamento com o uso de outras técnicas:

- Considere o impacto - você precisa pensar sobre como sua própria imagem corporal afeta os outros aspectos de sua vida. Você precisa refletir sobre como sua imagem corporal influencia seu trabalho, seus relacionamentos e toda sua auto-imagem. Você deve determinar se isso o impede ou não de alcançar seus objetivos. Tente pensar em como a sua imagem corporal afeta negativamente a sua vida. Compreender que a insatisfação do seu corpo influencia a sua vida pode ser empoderador. É porque conhecer os problemas vai levar-te a encontrar soluções para eles. Uma vez que você está ciente do efeito das imagens de corpo ruins, você pode começar a fazer algo para aliviá-las.

- Olhe para si - a maioria das pessoas queixa-se das suas coxas e estômagos gordos. Eles têm várias perguntas que dizem respeito às suas falhas para obter os resultados de perda de peso que desejam. Se você é uma dessas pessoas,

você deve ter poder para que possa se ver plenamente. Quando estiver em frente ao espelho, você deve observar todo o seu ser e evitar se preocupar com suas partes do corpo.

- Construa uma imagem corporal positiva e boa vindo de dentro - a maioria das pessoas depende de fatores externos que podem quebrar ou causar suas imagens corporais. Quando você lê uma revista e vê modelos com corpos perfeitos, você tende a duvidar da sua aparência. Ler uma mensagem na Internet sobre exercício e dieta pode fazer você se sentir pior. No entanto, o que acontecerá quando você trabalhar com imagem corporal que possa resistir a influências externas? Você definitivamente nunca vai encontrar nada que seja completamente resistente, mas você pode fazer algo que irá transformar sua própria imagem corporal em algo estável. Você pode ficar em frente ao espelho e esperar que pensamentos negativos entrem em

sua mente. Quando estes pensamentos chegarem, você deve imaginar algo que o protegerá deles. O teu pensamento, as tuas emoções e o teu ritmo cardíaco serão protegidos por isso. Daqui, a tua mentalidade positiva entrará em jogo. Assim, terás a certeza de que estás no caminho certo.

- Mude sua maneira de pensar - quando você muda sua maneira de pensar, você está se capacitando para formar uma imagem corporal desenvolvida. Quando você realizou que o peso perdedor não é o objetivo real que você necessita conseguir, você pode continuar a ter uma rotina boa do self-care. Quando você realiza que as plantas da dieta não são suficientes para começar o que você quer, você concentra-se em escutar o que seu corpo diz. Você pode pensar que os exercícios não estão realmente relacionados à perda de peso, mas os movimentos do seu corpo podem aliviar o estresse.

- Pense nos atributos positivos que você tem - quando você tem olhos atraentes, você pode publicar algo que irá lembrá-lo de seus olhos. Podes colocar isto no espelho dentro da casa de banho. Eles podem enfrentar lutas enquanto alcançam seus objetivos, mas são abençoados por terem aquelas características que os outros não têm.

Agarre-se aos seus objectivos

Você sempre vai a uma academia, come uma refeição equilibrada e passa horas suficientes dormindo, mas você ainda não se sente bem. Achas que não estás completamente saudável. Hoje em dia, a maioria das pessoas está ciente dos benefícios que podem obter por se manterem saudáveis. Entretanto, a maioria de povos não gastam o tempo que pensa sobre o aspecto o mais importante do controle da perda do peso, e aquele é a mente.

Você pode estar fisicamente em forma com exercício e uma dieta adequada, mas quando sua mentalidade não está em boa forma, pode afetar outras áreas de sua vida. A pior parte é que pode impedir-te de atingir os teus objectivos. O stress diário, a depressão, a ansiedade e outros problemas psicológicos tornaram-se frequentes. Em 5 pessoas, há uma que experimenta problemas psicológicos em algum momento de sua vida. Esta situação ocorre por causa da negligência em prestar atenção à sua mente.

➢ *O valor de ter uma mentalidade normal, positiva*

A investigação científica demonstrou que as más mentalidades dominadas pelo stress podem desencadear outros problemas de saúde. Tenha sempre em mente que ter uma mentalidade insalubre pode levar a um físico insalubre. A mentalidade desordenada também pode reter uma pessoa. Você pode pensar sobre os obstáculos para uma boa saúde, melhor produtividade no trabalho e melhores relacionamentos. Descobre a melhor maneira de lidar com eles.

Ao fazer tudo o que puder para se manter em forma, pode também praticar exercícios mentais, que podem ajudar a reduzir as suas emoções e pensamentos negativos. Ignora os pensamentos negativos que te dizem coisas inúteis. Em vez de pensar negativamente, você deveria pensar do outro lado. Diz a ti mesmo que podes fazê-lo e que podes tornar os teus sonhos realidade. Pense em seus pensamentos negativos como desafios e permita que eles motivem você a se esforçar mais ao invés de desistir.

Da mesma forma, você deve praticar a gratidão e ser grato pelas experiências e lições ensinadas ao longo de sua vida. Em vez de pensar em seus fracassos, você deve sempre acreditar que coisas ruins acontecem para lhe ensinar as coisas certas e ajudá-lo a reconhecer seus erros. Pensar no lado positivo de suas circunstâncias o ajudará a ter uma mentalidade positiva. Quando vem a perder o peso, você deve concentrar-se em saber as coisas que o farão falhar e usá-las como motivação para se tornar um pensador positivo.

Como ser consistente com seus objetivos?

A maioria dos elementos na vida são úteis em conseguir os resultados que você espera quando vem a perder o peso. Por outro lado, o mais importante de tudo é a tua mente. Se você quiser perder o peso e queimar mais gordo, você tem que condicionar sua mente e acreditar em yourself que você pode fazer o que quer que faz exame para alcançar seu objetivo.

Ter uma boa e eficaz mentalidade de perda de peso irá ajudá-lo muito. Isso lhe dará motivação e força para enfrentar desafios. Com estas coisas, será mais fácil para você superar os obstáculos e as tentações que possam surgir em seu caminho. Uma boa e positiva mentalidade de perda de peso irá ajudá-lo a promover mudanças a longo prazo e a alcançar um estilo de vida saudável e normal.

Se você for realmente sério sobre a perda do peso e tiver desenvolvido já uma mentalidade positiva, você deve procurar maneiras de mantê-lo e as mudanças que pode trazer a sua vida. Aqui estão algumas coisas que você pode fazer para acompanhar as mudanças de mentalidade que você tem:

- *Lembre-se sobre seus objetivos* - para alcançar resultados completos e bem sucedidos de perda de peso, você deve se lembrar sobre os objetivos que você deseja alcançar. Você pode querer escrever para baixo todos seus objetivos da perda do peso. Para motivar seu pensamento, você deve ser específico sobre o que realmente quer realizar. Faça uma programação fixa de quando você deve ver mais mudanças. Certifique-se de que suas metas sejam alcançáveis e mensuráveis. Um objetivo considerável é aquele pelo qual você pode ser responsabilizado. Um bom exemplo disso é a perda de uma percentagem específica de gordura que deve ser atingida até uma determinada data.

- *Pense nos seus objectivos na sua vida diária* - tem de rever todos os objectivos que escreveu no seu diário, incluindo os horários. Isto é para garantir que estás no caminho certo. Você pode se perguntar se as ações que tomou em um dia específico o aproximaram ou afastaram de suas aspirações.

- *Aponte para metas menores e mais curtas* - você pode dividir as metas de longo prazo que você tem em metas menores e gerenciáveis. Assim, acharão que são menos difíceis de fazer, por isso estarão mais motivados a manter a vossa mentalidade positiva para alcançar as mudanças contínuas que ocorrem dentro e fora do vosso corpo. Em vez de pensar que você tem que perder 50 libras dentro de um ano, você deve concentrar-se em perder uma libra cada semana porque é mais fácil de conseguir. Desta forma, a sua mudança de mentalidade irá mais longe.

- **Altere seu foco** - você tem que esquecer os aspectos negativos da perda de peso. Estes aspectos incluem o sentimento de privação. Em vez de se prcocupar com eles, você deve focar sua atenção nos aspectos positivos da perda de peso. Você pode prestar atenção à aparência de suas roupas e como seu corpo reagirá a elas.

- **Pense mais em ser saudável** - não deve ficar obcecado com o seu sonho de perder peso. Você deve prestar atenção para melhorar a sua saúde que irá melhorar a sua qualidade de vida. Você tem que comer os alimentos que melhorarão sua saúde em vez dos alimentos que são pretendidos primeiramente para a perda do peso.

Conclusão

Como nos capítulos anteriores, neste último capítulo gostaríamos de recordar a importância de ter uma boa mentalidade. Quando vem aos objetivos, se é sobre a perda do peso ou não, você verá que mudar seu mindset é o primeiro e o aspecto o mais importante que o conduzirá ao sucesso. Quando se trata de perder peso, como é que uma mudança de mentalidade pode beneficiar-te?

Procurar mudar a maneira que você pensa sobre a perda do peso dar-lhe-á diversas vantagens, incluindo:

- Ter uma mentalidade positiva fará você se sentir mais confiante - para estar fisicamente em forma, você tem que colocar sua mente em ordem e esquecer a maneira usual como você vê a perda de peso. Mudar seu pensamento é a primeira etapa a uma planta eficaz da gerência da perda do peso. Sem uma forte vontade e determinação trazidas pelo pensamento positivo, será mais difícil para você conseguir o que quer. Quando mudar de ideias, vai sentir-se mais confiante e será capaz de enfrentar os desafios de manter o peso certo para si. Na perda de peso, a posse de uma mentalidade positiva deve ser persistentemente mantida. Isso lhe dará mais confiança para manter os resultados que você desfruta hoje durante toda a sua vida.

- Mudando seu pensamento levará a uma condição de saúde normal - quando você muda a maneira negativa que você pensa sobre a perda de peso, você vai achar que alcançar a saúde global é mais fácil de conseguir. Mudar a maneira que você pensa não somente o ajudará a ter sucesso em sua planta da perda do peso, indicará também uma maneira mais saudável da vida.

- Mudar sua maneira de pensar

permitirá que você se torne uma pessoa otimista - você deve mudar sua maneira de pensar e terá que se tornar um pensador positivo se for realmente sincero sobre como alcançar um físico mais atraente. Mudar o ambiente e as crenças habituais de sua mente quando se trata de perder peso o ajudará a ser otimista. O otimismo é uma boa atitude que você deve ter para perder peso. Você sabia que o que sua mente pode conceber, seu corpo pode alcançar?

- Mudar sua maneira de pensar fará você se sentir bem - quando você diz que tem que mudar sua maneira de pensar, isso significa que você tem que esquecer suas atitudes negativas como o pessimismo, pois isso o manterá longe do sucesso. Se você quer realmente perder o peso em uma maneira saudável e segura, você tem que dizer-se yourself que você pode o fazer. No entanto, as palavras por si só não são suficientes para ajudá-lo a alcançar seus objetivos. Portanto, não se esqueça de ter paciência e determinação. Sabia que estas são duas das principais chaves que o ajudarão a alcançar uma mudança dramática no seu corpo?

Todos estes são os benefícios que você pode obter quando o seu pensamento mudou. Como você pode ver, escolher mudar sua maneira usual de pensar o ajudará a começar mais, aparte dos resultados da perda do peso que você espera. Então, do que estás à espera? Você deve começar seu esforço para mudar seu pensamento antes de fazer exame das outras etapas em sua planta da gerência da perda do peso. Mantenha na mente que a perda do peso pode melhor ser conseguida quando você focaliza em seu mental melhor que em sua aparência física. Aconteça o que acontecer, a tua mente continua a ser a chefe. Mantém estas coisas em mente e vais ter a certeza de que tens sucesso. Pode não ser um caminho fácil, mas certamente pode ser alcançado, especialmente se você colocar em prática os conselhos que este livro lhe deu. Desejo-lhe as maiores felicidades e lembre-se que tudo é possível!

Agora sim, desejo-lhe o melhor em seus resultados, e lembre-se, tudo é prático; teoria sem ação não tem utilidade para você.

Um grande abraço, o teu amigo Jessy!

Pela maneira, quando você alcança seus resultados pouco a pouco, eu recomendo-o altamente, se você quiser aprender muito mais sobre métodos de perder o peso, meu livro sobre "COMO FAZER O DIET CETOGÊNICO SEM PARAR de COMER", é um livro que eu sou certo lhe ajude muito em sua maneira à "saúde boa".

Sem mais delongas, você pode encontrá-lo no motor de busca da Amazônia, como: "Como fazer a dieta cetogênica sem parar de comer" ou procurar meu nome, como: "Jessy M.

Brown"... Mais uma vez, desejo-lhe sucesso nos seus resultados!

www.ingramcontent.com/pod-product-compliance
Lightning Source LLC
Chambersburg PA
CBHW072024280526
45788CB00007B/2661